Sylwia Erdmanska-Kolanczyk

Pancakes, Pfannkuchen und Crêpes

30 süße und herzhafte Rezepte

riva

Bibliografische Information der Deutschen Nationalbibliothek
Die Deutsche Nationalbibliothek verzeichnet diese Publikation in der Deutschen Nationalbibliografie. Detaillierte bibliografische Daten sind im Internet über https://dnb.de abrufbar.

Für Fragen und Anregungen
info@m-vg.de

Originalausgabe
4. Auflage 2025

Türkenstraße 89
80799 München
Tel.: 089 651285-0

Redaktion: Caroline Kazianka
Umschlaggestaltung: Isabella Dorsch
Umschlagabbildung und Abbildungen im Innenteil: Sylwia Erdmanska-Kolanczyk
Satz: inpunkt[w]o, Haiger (www.inpunktwo.de)
Druck: Florjancic Tisk d. o. o., Slowenien
Printed in the EU

ISBN Print 978-3-7423-1308-9
ISBN E-Book (EPUB, Mobi) 978-3-7453-1003-0

Wir produzieren nachhaltig
www.m-vg.de

Weitere Informationen zum Verlag finden Sie unter

www.rivaverlag.de

Beachten Sie auch unsere weiteren Verlage unter www.m-vg.de

INHALT

Bevor es losgeht

Ob Pancakes, Crêpes oder Pfannkuchen, ihr Duft ist unwiderstehlich und sie schmecken immer – warm oder kalt, süß oder herzhaft. Für mich sind die leckeren Eierkuchen ein wahres Seelenfutter.

Doch was genau sind eigentlich die Unterschiede?

Bei Pfannkuchen handelt es sich, wie der Name bereits sagt, um ein Gericht, das in der Pfanne gebacken wird. Sie sind nicht so dünn wie Crêpes, dürfen aber auch keinesfalls zu dick sein.
In manchen Regionen werden die schmackhaften Eierspeisen Eierkuchen, Eierpfannkuchen, Flädle, Omelette oder Plinsen genannt. Verzehrt werden sie gerne süß – etwa mit Konfitüre, Zucker, Obst und Sahne – aber auch herzhaft.

Pancakes sind die amerikanische Variante der französischen Crêpes oder der deutschen Pfannkuchen. Dabei ist der amerikanische Cousin vor allem dicker und fluffiger. Ob süß oder herzhaft – der Pancake ist nicht nur ein leckeres Frühstück, sondern auch z. B. mit Ahornsirup oder Schokoladensoße eine unwiderstehliche Nachspeise.

Crêpes sind sehr dünn und werden traditionell auf einer runden, gusseisernen Platte gebacken. Damit sie möglichst dünn und gleichmäßig werden, wird der flüssige Teig zügig mit einem Teigrechen verstrichen. Da so eine Platte in den wenigsten Küchen vorhanden sein dürfte, sehen die Rezepte in diesem Buch die Zubereitung in der Pfanne vor, denn das funktioniert natürlich genauso. Auch hier gibt es wieder jede Menge Varianten: herzhaft belegt, süß gefüllt oder pur.

Noch eine grundsätzliche Sache: Für Pfannkuchen sollte der Teig dickflüssig sein, für Crêpes eher dünn und für Pancakes ziemlich zähflüssig.

Jeder Teig steht und fällt mit der Wahl des richtigen Mehles. Normalerweise wird Weizenmehl verwendet, doch in den folgenden Rezepten kommen auch andere Mehle vor, die ich kurz vorstellen möchte.

Weizenmehl

Weizenmehl besitzt einen hohen Anteil an Stärke und dem Klebereiweiß Gluten, das den Teig bindet. Da bei diesem Mehltyp ausschließlich der Mehlkörper verarbeitet wird, weist er einen niedrigen Mineralstoffgehalt auf. Für die meisten Kuchen, Plätzchen und Pfannkuchen ist das helle Weizenmehl Type 405 ideal.

Dinkelmehl

Weizenmehl lässt sich bestens durch Dinkelmehl Type 630 ersetzen, das sich durch eine gute Verträglichkeit und ein leicht nussiges Aroma auszeichnet. Die Backeigenschaften sind sehr ähnlich, allerdings enthält Dinkelmehl mehr wertvolle Inhaltsstoffe.

Reismehl

Das glutenfreie Mehl wird meistens aus poliertem Langkornreis hergestellt und hat seinen Ursprung in Asien.

Maismehl

Maismehl schmeckt je nach Sorte und Hersteller neutral bis angenehm sowie leicht nach Mais. Es ist ebenfalls glutenfrei.

Buchweizenmehl

Das glutenfreie, nussig schmeckende Buchweizenmehl steckt voller wertvoller Mineralstoffe und enthält viel Eiweiß.

Hirsemehl

Die leicht nussig schmeckende Hirse – und damit auch das entsprechende Mehl – ist reich an Mineralstoffen und Spurenelementen und frei von Gluten.

Damit das Backen der Eierspeisen gut gelingt, braucht es natürlich eine gute Pfanne. Empfehlenswert ist eine beschichtete, da das Wenden damit prima klappt. Zum Wenden den Teig zunächst mit einem Pfannenwender vorsichtig vom Pfannenboden lösen und dann mit einem Schwung umdrehen.

Und keine Sorge: Das gelingt nicht immer gleich beim ersten Mal! Bis alle Pfannkuchen, Crêpes oder Pancakes fertig gebacken sind, stellen Sie die fertigen Exemplare am besten im Ofen warm. Servieren können Sie die süßen Varianten mit Puderzucker, Ahornsirup, frischem Obst, Eis, Honig, Schokoladen-, Karamell- oder Erdbeersoße.

Nun aber los und viel Spaß beim Backen und Genießen der leckeren Eierspeisen!

Pancakes

Japanische Pancakes

4–6 STÜCK

ZUTATEN:

2 Eier (Größe M)
120 g Mehl (Type 405)
2 EL Kartoffelstärke
1 TL Backpulver
½ TL Natron
200 ml Buttermilch
2 EL Pflanzenöl
1 TL Vanilleextrakt
2 EL Zucker
Öl zum Backen

Außerdem:

Dessertring mit 8–10 cm Ø

1. Die Eier trennen.
2. Mehl, Kartoffelstärke, Backpulver und Natron in eine Rührschüssel sieben.
3. In einer anderen Schüssel Eigelb, Buttermilch, Öl und Vanilleextrakt mit dem Handrührgerät verquirlen. Anschließend die trockenen Zutaten dazugeben und verrühren.
4. Das Eiweiß in einer Schüssel steif schlagen, dabei den Zucker nach und nach einrieseln lassen und so lange weiterrühren, bis die Masse glänzt und steif ist.
5. Den Eischnee vorsichtig unter den Teig heben.
6. Etwas Öl bei geringer Hitze in einer beschichteten Pfanne erwärmen.
7. Den Dessertring von innen mit etwas Öl einfetten und in die Pfanne setzen. Etwas Teig hineinfüllen, bis die Form zu ¾ gefüllt ist.
8. Die Pfanne mit dem Deckel verschließen und den Pancake auf niedriger bis mittlerer Stufe 5 Minuten backen, bis sich an der Oberseite kleine Bläschen bilden. Dann sorgfältig wenden, und in weiteren 5 Minuten fertig backen.
9. Den Pancake vorsichtig aus dem Dessertring lösen und beiseitelegen. Den Vorgang so lange wiederholen, bis der Teig aufgebraucht ist.

Klassische amerikanische Pancakes

10 STÜCK

ZUTATEN:

75 g Butter
2 Eier (Größe M)
2 EL Zucker
250 g Mehl (Type 405)
200 ml Milch
3 TL Backpulver
Öl zum Backen

1. Die Butter in einem Topf schmelzen und auskühlen lassen.
2. Eier und Zucker in einer Schüssel mit dem Handrührgerät cremig aufschlagen. Die restlichen Zutaten zugeben und alles zu einem glatten Teig verrühren.
3. Eine Pfanne mit wenig Öl auf mittlerer Stufe erhitzen.
4. 1 kleine Kelle Teig hineingießen. Sobald sich an der Oberfläche kleine Bläschen bilden, den Pancake wenden und von der anderen Seite goldbraun ausbacken. Dann aus der Pfanne nehmen und beiseitelegen.
5. Sofern eine größere Pfanne verwendet wird, können mehrere Pancakes gleichzeitig gebacken werden. Den Vorgang so lange wiederholen, bis der Teig aufgebraucht ist.

Ricotta-Pancakes

8 STÜCK

ZUTATEN:

2 Eier (Größe M)
2 EL Zucker
200 g Ricotta
100 g Mehl (Type 405)
1 TL Backpulver
1 TL Natron
Öl zum Backen

1. Die Eier trennen. Das Eiweiß in einer Schüssel mit dem Handrührgerät steif schlagen. Dabei den Zucker einrieseln lassen und das Eiweiß zu einem festen Eischnee schlagen.
2. Das Eigelb mit den restlichen Zutaten in einer zweiten Schüssel zu einem glatten Teig verrühren.
3. Dann den Eischnee vorsichtig unter den Teig heben.
4. Etwas Öl auf mittlerer Stufe in einer Pfanne erhitzen.
5. 2–3 EL Teig in die heiße Pfanne geben und zu einem Kreis verstreichen. Wenn sich auf der Oberfläche kleine Bläschen bilden, Pancake wenden und fertig backen. Dann aus der Pfanne nehmen und beiseitelegen. Den Vorgang so lange wiederholen, bis der Teig aufgebraucht ist.

Tipp:

Die Pancakes schmecken besonders gut mit steif geschlagener Schlagsahne.

Schokoladen-Pancakes

10–12 STÜCK

ZUTATEN:

2 Eier (Größe M)
2 EL Zucker
1 Päckchen Vanillezucker
350 g Naturjoghurt (3,5 % Fett)
3 EL geschmolzene Butter
225 g Mehl (Type 405)
2 EL echtes Kakaopulver
1 TL Natron
1 TL Backpulver
Öl zum Backen

1. Eier mit Zucker und Vanillezucker in eine Schüssel geben und mit dem Handrührgerät 3–4 Minuten aufschlagen.
2. Die restlichen Zutaten dazugeben und alles gut verrühren.
3. In einer Pfanne etwas Öl erhitzen.
4. Jeweils 2 EL Teig in die Pfanne geben und Pancakes backen. Nach 2–3 Minuten wenden und dann zu Ende backen. Aus der Pfanne nehmen und beiseitelegen. Den Vorgang so lange wiederholen, bis der Teig aufgebraucht ist.

Tipp:

Die Pancakes mit frischen Himbeeren oder einer Himbeersoße servieren.

Hokkaidokürbis-Pancakes

10 STÜCK

ZUTATEN:

200 g Hokkaidokürbis-Püree (siehe unten)
230 g Mehl (Type 405)
2 Eier (Größe M)
3 TL Zucker
2 TL Backpulver
50 ml Milch
Öl zum Backen

1. Alle Zutaten in einer Schüssel mit dem Handrührgerät zu einem glatten Teig verrühren.
2. Eine Pfanne mit wenig Öl auf mittlerer Stufe erhitzen.
3. 1 kleine Kelle Teig hineingießen. Sobald sich an der Oberfläche kleine Bläschen bilden, den Pancake wenden und von der anderen Seite goldbraun ausbacken. Dann aus der Pfanne nehmen und beiseitelegen. Den Vorgang so lange wiederholen, bis der Teig aufgebraucht ist.

Rezept für das Hokkaidokürbis-Püree:

1. Den Kürbis waschen, halbieren und die Kerne mit einem Löffel entfernen. Das Fruchtfleisch in Spalten schneiden und auf ein mit Backpapier belegtes Backblech setzen. Im heißen Ofen bei 200 °C in ca. 45 Minuten weich backen.
2. Den Kürbis aus dem Ofen nehmen, das Fruchtfleisch von der Schale lösen und anschließend in einer Schüssel mit dem Pürierstab fein pürieren.

Tipp:

Zu den Pancakes passt z. B. Himbeersoße gut.

Dinkel-Pancakes

8 STÜCK

ZUTATEN:

150 g Dinkelmehl (Type 630)
1 TL Backpulver
2 EL Zucker
1 Ei (Größe M)
200 ml Milch
Öl zum Backen

1. Mehl, Backpulver und Zucker in einer Schüssel vermischen und in die Mitte eine Vertiefung drücken. Ei und Milch in die Mulde geben und alles mit einem Schneebesen glatt rühren.
2. Etwas Öl in einer beschichteten Pfanne erhitzen.
3. 1 kleine Kelle Teig hineingießen und den Pancake backen. Sobald sich an der Oberfläche kleine Bläschen bilden, Pancake wenden und von der anderen Seite goldbraun backen. Dann aus der Pfanne nehmen und beiseitelegen. Den Vorgang so lange wiederholen, bis der Teig aufgebraucht ist.

Tipp:

Einen gewaschenen und entkernten Apfel grob reiben und vor dem Ausbacken unter den Teig heben, das sorgt für mehr Geschmack. Zu den Pancakes passt sehr gut Apfelmus.

Buttermilch-Pancakes mit Blaubeeren

8–10 STÜCK

ZUTATEN:

200 g Buttermilch
2 Eier (Größe M)
150 g Mehl (Type 405)
1 TL Backpulver
½ TL Natron
2 EL Zucker
50 g Blaubeeren
Öl zum Backen

1. Buttermilch und Eier in einer Schüssel mit dem Handrührgerät verquirlen.
2. Die restlichen Zutaten (außer den Blaubeeren) dazugeben und alles zu einem zähflüssigen Teig verrühren.
3. Die Blaubeeren waschen, verlesen und vorsichtig unterheben.
4. Etwas Öl in einer beschichteten Pfanne erhitzen, jeweils 2 EL Teig in die Pfanne geben und Pancakes in etwa 3–4 Minuten bei mittlerer Hitze backen. Dann wenden und in weiteren 3–4 Minuten fertig braten. Aus der Pfanne nehmen und beiseitelegen. Den Vorgang so lange wiederholen, bis der Teig aufgebraucht ist.

Fluffige Pancakes mit Äpfeln

12 STÜCK

ZUTATEN:

- 500 g Mehl (Type 405)
- 30 g frische Hefe
- 2 EL Zucker
- 500 ml lauwarme Milch
- 1–2 Äpfel
- 1 Ei (Größe M)
- 1 Päckchen Vanillezucker
- Öl zum Backen
- Puderzucker zum Bestreuen

1. Das Mehl in eine Schüssel sieben und eine Vertiefung in die Mitte drücken.
2. Die Hefe zerbröckeln, in einer kleinen Schüssel mit 1 TL Zucker und 50 ml lauwarmer Milch verrühren, bis sie sich aufgelöst hat. Die Hefemischung in die Mulde im Mehl gießen und den Teig zugedeckt an einem warmen Ort 10–15 Minuten gehen lassen. Währenddessen die Äpfel schälen, vierteln, entkernen und in ganz dünne Spalten schneiden.
3. Den restlichen Zucker, die restliche Milch, das Ei und den Vanillezucker zum Teig geben und alles mit dem Handrührgerät zu einem glatten Teig verrühren.
4. Den Teig abgedeckt noch einmal an einem warmen Ort gehen lassen, bis er sein Volumen etwa verdoppelt hat. Dann noch einmal kurz durchkneten.
5. Etwas Öl auf mittlerer Stufe in einer Pfanne erhitzen. Je 1–2 EL Teig in die Pfanne geben und zu einem Taler formen, jeweils 2–3 Apfelscheiben darauflegen. Sobald die Ränder anfangen braun zu werden, Küchlein wenden. Aus der Pfanne nehmen und beiseitelegen. Den Vorgang so lange wiederholen, bis der Teig aufgebraucht ist. Mit Puderzucker bestreut servieren.

Quark-Pancakes

8–10 STÜCK

ZUTATEN:

200 g Magerquark
2 Eier (Größe M)
2 EL Zucker
100 g Mehl (Type 405)
1 TL Backpulver
1 TL Natron
Öl zum Backen
Puderzucker zum Bestreuen

1. Quark und Eier in einer Schüssel mit dem Handrührgerät verquirlen.
2. Die restlichen Zutaten dazugeben und unterrühren, bis ein zähflüssiger Teig entsteht.
3. Etwas Öl auf mittlerer Stufe in einer beschichteten Pfanne erhitzen, je 2 EL Teig in die Pfanne geben und Pancakes in etwa 3–4 Minuten von beiden Seiten goldbraun backen. Dann aus der Pfanne nehmen und beiseitelegen. Den Vorgang so lange wiederholen, bis der Teig aufgebraucht ist. Pancakes mit Puderzucker bestreut servieren.

Mini-Pancake-Spieße mit Obst

6–8 SPIESSE

ZUTATEN:

1 Banane
2 Kiwis
125 g Himbeeren
125 g Blaubeeren
150 g Mehl (Type 405)
200 ml Milch
1 Ei (Größe M)
1 Päckchen Vanillezucker
1 TL Backpulver
¼ TL Natron
Öl zum Backen

Außerdem:
Holzspieße

1. Die Banane und die Kiwis schälen. Die Banane in dicke Scheiben schneiden, die Kiwis längs halbieren und ebenfalls in dicke Scheiben schneiden. Die Beeren verlesen und waschen.
2. Mehl, Milch, Ei, Vanillezucker, Backpulver und Natron in einer Schüssel mit einem Schneebesen glatt rühren.
3. In einer Pfanne wenig Öl erhitzen. Mit einem Teelöffel kleine Teigportionen in die Pfanne setzen. Die Pancakes von beiden Seiten goldbraun backen. Dann aus der Pfanne nehmen und beiseitelegen. Den Vorgang so lange wiederholen, bis der Teig aufgebraucht ist.
4. Pancakes und Früchte nach Belieben auf die Holzspieße stecken.

Tipp:
Wer möchte, kann die Spieße vor dem Servieren noch zusätzlich mit etwas Honig oder Schokoladensoße beträufeln.

Kräuter-Pancakes mit Joghurtdip und Südtiroler Speck

8 STÜCK

ZUTATEN:

Zum Servieren:

200 g Naturjoghurt
½ TL Salz
¼ TL Pfeffer
1 EL Zitronensaft
8 Scheiben Südtiroler Speck

Für den Teig:

2 Eier (Größe M)
250 g Mehl (Type 405)
200 ml Milch
3 TL Backpulver
75 g geschmolzene Butter
½ TL Salz
¼ TL Pfeffer
2 EL klein gehackte gemischte Kräuter (z. B. Petersilie, Dill, Schnittlauch)
Öl zum Backen

1. Den Naturjoghurt mit Salz, Pfeffer und Zitronensaft in einer Schüssel zu einem Dip verrühren. Im Kühlschrank kalt stellen.
2. Die Eier in einer Schüssel mit dem Handrührgerät aufschlagen.
3. Die restlichen Zutaten für den Teig zugeben und zu einem glatten Teig verrühren.
4. Die Pfanne mit wenig Öl auf mittlerer Stufe erhitzen.
5. 1 kleine Kelle Teig hineingießen und daraus einen von beiden Seiten goldbraun gebratenen Pancake backen. Aus der Pfanne nehmen und beiseitelegen. Den Vorgang so lange wiederholen, bis der Teig aufgebraucht ist.
6. Zum Servieren auf jeden Pancake 1 EL Joghurtdip geben und mit 1 Scheibe Südtiroler Speck garnieren.

Tipp:

Wer möchte, kann die Pancakes noch mit etwas Kresse bestreuen.

Würzige Pancakes mit Spiegelei und Speck

8 STÜCK

ZUTATEN:

Für den Teig:

200 g Magerquark
2 Eier (Größe M)
50 g geriebener Cheddar
100 g Mehl (Type 405)
1 TL Backpulver
1 TL Natron
1 Prise Chilipulver
¼ TL Salz
¼ TL Pfeffer
Öl zum Backen

Zum Servieren:

8 Scheiben Frühstücksspeck
4 Eier (Größe M)

1. Für den Teig Quark und Eier in einer Schüssel mit dem Handrührgerät verquirlen. Die restlichen Zutaten dazugeben und alles zu einem zähflüssigen Teig verrühren.
2. Etwas Öl in einer beschichteten Pfanne auf mittlerer Stufe erhitzen, je 1 EL Teig in die Pfanne geben und die Pancakes in etwa 3–4 Minuten von beiden Seiten goldbraun backen. Aus der Pfanne nehmen und beiseitelegen. Den Vorgang so lange wiederholen, bis der Teig aufgebraucht ist.
3. Parallel dazu den Speck in einer zweiten Pfanne ohne Öl anbraten. Wenn der Speck knusprig ist, herausnehmen und auf einem Küchenpapier abtropfen lassen.
4. In dieser Pfanne die Eier im ausgelassenen Fett zu Spiegeleiern braten.
5. Je 2 Pancakes mit 1 Spiegelei und 2 Scheiben Speck anrichten.

Zucchini-Kräuter-Pancakes

8 STÜCK

ZUTATEN:

300 g Zucchini
50 g Zwiebel
50 g Mehl (Type 405)
1 Ei (Größe M)
2 EL Milch
1 TL Backpulver
½ TL Salz
¼ TL Pfeffer
1 EL gehackte Kräuter (z. B. Petersilie oder Dill)
Öl zum Backen

1. Die Zucchini waschen, putzen und auf einer Küchenreibe grob raspeln. Die Raspeln leicht ausdrücken.
2. Die Zwiebel schälen und fein hacken.
3. Mehl, Ei, Milch, Backpulver, Salz und Pfeffer in einer Schüssel mit dem Handrührgerät verrühren. Gemüse und Kräuter untermischen.
4. In einer beschichteten Pfanne auf mittlerer Stufe etwas Öl erhitzen. Je 2 EL Teig in die Pfanne geben und die Pancakes in etwa 3–4 Minuten von beiden Seiten goldbraun backen. Aus der Pfanne nehmen und beiseitelegen. Den Vorgang so lange wiederholen, bis der Teig aufgebraucht ist.

Pfannkuchen

Buchweizen-Pfannkuchen

8 STÜCK

ZUTATEN:

- 100 g Buchweizenmehl
- 50 g Dinkelmehl (Type 630)
- 2 Eier (Größe M)
- 300 ml Milch
- 30 g geschmolzene Butter
- 1 EL Zucker
- 1 TL Backpulver
- Öl zum Backen

1. Mehle in einer Schüssel vermischen, die restlichen Zutaten dazugeben und mit dem Handrührgerät kräftig verrühren. Den Teig 40 Minuten ruhen lassen.
2. Ein wenig Öl auf mittlerer Stufe in einer Pfanne erhitzen. Etwas Teig in die Pfanne geben und durch Schwenken darin verteilen. Den Pfannkuchen auf beiden Seiten hellbraun backen. Dann aus der Pfanne nehmen und beiseitelegen. Den Vorgang so lange wiederholen, bis der Teig aufgebraucht ist.

Tipp:

Dazu passt sehr gut Rote Grütze mit Sauerkirschen.

Ribbon

Gefüllte Pfannkuchen mit Quarkcreme und Blaubeeren

6 STÜCK

ZUTATEN:

Für die Pfannkuchen:

230 g Mehl (Type 405)
2 Eier (Größe M)
1 ½ TL Backpulver
300 ml Milch
2 EL Zucker
Öl zum Backen
Butter für die Form

Für die Füllung und Garnitur:

600 g Magerquark
3–5 EL Zucker oder Honig
1 Päckchen Vanillezucker
100 g Naturjoghurt
125 g Blaubeeren

1. Alle Zutaten für die Pfannkuchen in einer Schüssel mit dem Handrührgerät glatt rühren.
2. Eine Pfanne mit wenig Öl auf mittlerer Stufe erhitzen.
3. Mit einer Schöpfkelle etwas Teig in die Pfanne geben und durch Schwenken gleichmäßig auf dem Pfannenboden verteilen. Wenn die Unterseite goldbraun gebacken ist, Pfannkuchen wenden und fertig backen. Dann aus der Pfanne nehmen und beiseitelegen.
4. Den Backofen auf 180 °C vorheizen.
5. Für die Füllung in einer Schüssel 500 g Quark, 2–4 EL Zucker nach Belieben und den Vanillezucker verrühren. Die Creme auf die Pfannkuchen streichen und diese aufrollen.
6. Die Rollen in eine mit Butter eingefettete Auflaufform legen und im Backofen 10–13 Minuten backen.
7. In der Zwischenzeit den restlichen Quark, Naturjoghurt und 1 EL Zucker in einer Schüssel vermengen.
8. Die Blaubeeren waschen und verlesen.
9. Die überbackenen Pfannkuchen mit der Creme und den Blaubeeren garniert servieren.

Glutenfreie Pfannkuchen mit karamellisierten Birnen

10 STÜCK

ZUTATEN:

Für die Pfannkuchen:

- 100 g Maismehl
- 50 g Reismehl
- 50 g Speisestärke
- 3 EL Zucker
- 2 Eier (Größe M)
- 300 ml Milch
- 1 TL Backpulver
- ½ TL Natron
- 30 g geschmolzene Butter oder Kokosöl
- Öl zum Backen

Für die Birnen:

- 2 Birnen
- 50 g Butter
- 2 EL Zucker
- 3 EL Orangensaft
- 1 Prise Zimt (nach Belieben)

1. Alle Zutaten für die Pfannkuchen in einer Schüssel mit einem Handrührgerät zu einem glatten Teig verrühren. Den Teig 15 Minuten ruhen lassen.
2. Dann eine Pfanne mit etwas Öl auf mittlerer Stufe erhitzen. Etwa 1 Schöpflöffel Teig in die Pfanne geben und durch Schwenken gleichmäßig darin verteilen. Pfannkuchen 1 Minute backen, dann wenden und fertig braten. Aus der Pfanne nehmen und beiseitelegen. Den Vorgang so lange wiederholen, bis der Teig aufgebraucht ist.
3. Für die karamellisierten Birnen die Birnen schälen, entkernen und in Spalten schneiden.
4. In einer Pfanne die Butter schmelzen, den Zucker einrühren und leicht karamellisieren lassen.
5. Orangensaft und Birnen zugeben und 20 Minuten köcheln lassen, bis die Birnen weich sind.
6. Nach Geschmack mit 1 Prise Zimt verfeinern.
7. Die Pfannkuchen mit den karamellisierten Birnen servieren.

Dutch Baby

1 STÜCK

ZUTATEN:

- 3 Eier (Größe M)
- 125 ml Milch
- 100 g Mehl (Type 405)
- 2 EL Butter + etwas für die Pfanne
- 1 Prise Salz
- 1 Päckchen Bourbon-Vanillezucker
- 100 g Obst nach Wahl (z. B. Himbeeren)
- Puderzucker zum Bestreuen

1. Den Backofen auf 220 °C vorheizen.
2. Eine ofenfeste Pfanne in den Backofen stellen.
3. Alle Zutaten (außer dem Obst und dem Puderzucker) in einer Schüssel mit dem Handrührgerät zu einem Teig verrühren.
4. Das Obst je nach Bedarf waschen oder schälen und evtl. klein schneiden.
5. Die heiße Pfanne aus dem Ofen holen, etwas Butter in die Pfanne geben und schmelzen lassen. Den Teig einfüllen, das Obst darauf verteilen und das Ganze ca. 20 Minuten im Ofen goldbraun backen. Mit Puderzucker bestäuben und sofort servieren.

Tipp:

Dazu passt gut Vanilleeis.

Pfannkuchen aus Reismehl und Kokosmilch

8 STÜCK

ZUTATEN:

400 ml Kokosmilch
100 g Reismehl
2 Eier, Größe M
3 EL Zucker
1 Prise Salz
Öl zum Backen

1. Die Kokosmilch in einem Topf kurz erwärmen, dann in eine Schüssel gießen und mit den restlichen Zutaten mithilfe des Handrührgeräts zu einem glatten Teig verrühren. Teig 20 Minuten ruhen lassen.
2. In einer beschichteten Pfanne auf mittlerer Stufe etwas Öl erhitzen. 1 kleine Kelle Teig hineingeben und durch Schwenken der Pfanne gleichmäßig verteilen. Pfannkuchen von beiden Seiten goldbraun backen. Aus der Pfanne nehmen und beiseitelegen. Den Vorgang so lange wiederholen, bis der Teig aufgebraucht ist.

Tipp:

Servieren Sie die Pfannkuchen z. B. mit eingelegten Pfirsichen.

Vietnamesische Pfannkuchen mit Gemüse-Kräuter-Füllung

6–8 STÜCK

ZUTATEN:

Für die Füllung:

1 große Möhre
2–3 Blätter Eisbergsalat
150 g Pilze (z. B. Champignons)
4 Frühlingszwiebeln
100 g Mungobohnensprossen
15 g frischer Koriander
15 g frische Petersilie
Öl zum Braten
½ TL Salz
¼ TL Pfeffer
1 EL Zitronensaft

Für den Teig:

200 g Reismehl
½ TL Kurkumapulver
¼ TL Salz
1 TL Zucker
400 ml Kokosmilch
Öl zum Backen

1. Für die Füllung die Möhre schälen, putzen und fein raspeln. Den Salat waschen und trocken schütteln, die Pilze säubern und beides klein schneiden. Die Frühlingszwiebeln putzen, waschen und in Ringe schneiden. Die Sprossen waschen und abtropfen lassen. Koriander und Petersilie waschen, trocken schütteln und die Blätter abzupfen.
2. In einer Pfanne erst die Pilze leicht anbraten, dann die Möhrenraspeln, Sprossen, Frühlingszwiebeln und Kräuter dazugeben und 3–5 Minuten dünsten. Mit Salz, Pfeffer und Zitronensaft abschmecken. Die Pfanne vom Herd nehmen und den Salat zur Füllung geben.
3. Für die Pfannkuchen Mehl, Kurkuma, Salz und Zucker in einer Schüssel vermischen.
4. Die Kokosmilch dazugeben und alles mit einem Schneebesen zu einem Teig verrühren. 10 Minuten ruhen lassen. Ist der Teig zu dickflüssig, etwas Mineralwasser hinzufügen.
5. Eine Pfanne mit wenig Öl auf mittlerer Stufe erhitzen. Mit einer Schöpfkelle etwas Teig in die Pfanne geben und durch Schwenken gleichmäßig auf dem Pfannenboden verteilen. Wenn die Unterseite goldbraun gebacken ist, Pfannkuchen wenden und fertig backen. Dann aus der Pfanne nehmen und beiseitelegen. Den Vorgang so lange wiederholen, bis der Teig aufgebraucht ist.

6. Die Pfannkuchen auf Teller verteilen und jeweils eine Hälfte mit der Füllung belegen. Die unbelegte Hälfte darüberklappen und servieren.

Pizza-Pfannkuchen

2–3 PORTIONEN

ZUTATEN:

230 g Mehl (Type 405)
2 Eier (Größe M)
1 ½ TL Backpulver
300 ml Milch
½ TL Salz
Öl zum Backen
100 g Tomatenketchup
6 Scheiben Kochschinken
6 Scheiben Käse
Butter für die Form

1. Mehl, Eier, Backpulver, Milch und Salz in einer Schüssel mit dem Handrührgerät zu einem glatten Teig verrühren.
2. Eine Pfanne mit wenig Öl auf mittlerer Stufe erhitzen. Mit einer Schöpfkelle etwas Teig in die Pfanne geben und durch Schwenken gleichmäßig auf dem Pfannenboden verteilen. Wenn die Unterseite goldbraun gebacken ist, Pfannkuchen wenden und fertig backen. Dann aus der Pfanne nehmen und beiseitelegen. Den Vorgang wiederholen, bis der Teig aufgebraucht ist. Es sollen 6 Pfannkuchen gebacken werden.
3. Backofen auf 200 °C vorheizen.
4. 1–2 EL Tomatenketchup auf jeden fertigen Pfannkuchen verteilen und jeweils mit 1 Scheibe Schinken und 1 Scheibe Käse belegen. Pfannkuchen aufrollen und in Röllchen schneiden. Eine Auflaufform mit reichlich Butter einfetten. Die Röllchen in die Form legen und im Ofen ca. 25 Minuten backen.

Tipp:

Wer möchte, kann die Pfannkuchenröllchen zusätzlich mit Käse bestreuen.

Pfannkuchen mit Spinat und Feta

6–8 STÜCK

ZUTATEN:

Für die Füllung:

150 g Feta
1 kleine Zwiebel
1 kleine Knoblauchzehe
1 EL Öl
1 EL Butter
250 g TK-Blattspinat
½ TL Salz
½ TL Pfeffer

Für den Teig:

230 g Mehl (Type 405)
2 Eier (Größe M)
1 ½ TL Backpulver
300 ml Milch
¼ TL Salz
Öl zum Backen
1 kleine Knoblauchzehe
1 kleine Zwiebel
150 g Feta
½ TL Salz
½ TL Pfeffer
1 EL Butter
1 EL Öl

1. Für die Füllung den Käse in kleine Würfel schneiden.
2. Zwiebel und Knoblauch schälen und fein würfeln.
3. Das Öl und Butter in einer Pfanne erhitzen und die Zwiebel- und Knoblauchwürfel darin anschwitzen.
4. Den Spinat zugeben und so lange andünsten, bis das ganze Wasser verdunstet ist.
5. Mit Salz und Pfeffer abschmecken.
6. Alle Zutaten für den Teig in einer Schüssel mit dem Handrührgerät zu einem glatten Teig verrühren.
7. Eine Pfanne mit wenig Öl auf mittlerer Stufe erhitzen. Mit einer kleinen Schöpfkelle etwas Teig in die Pfanne geben und durch Schwenken gleichmäßig auf dem Pfannenboden verteilen. Wenn die Unterseite goldbraun gebacken ist, Pfannkuchen wenden und fertig backen. Dann aus der Pfanne nehmen und beiseitelegen. Vorgang wiederholen, bis der Teig aufgebraucht ist.
8. Die Pfannkuchen gleichmäßig mit der Spinatfüllung belegen und mit Fetawürfeln bestreuen, dann einrollen.

Pfannkuchen mit Lachs-Kräuter-Quark und Salat

6–8 STÜCK

ZUTATEN:

Für die Füllung:

100 g Räucherlachs
200 g Speisequark
100 g Naturjoghurt
½ TL Salz
¼ TL Pfeffer
2 EL frisch gehackte Kräuter (z. B. Petersilie, Dill, Schnittlauch)
6–8 Blätter grüner Salat (z. B. Eisbergsalat)

Für den Teig:

200 g Mehl (Type 405)
150 ml Mineralwasser
2 Eier (Größe M)
150 ml Milch
1 TL Backpulver
¼ TL Salz
Öl zum Backen

1. Für die Füllung zunächst den Räucherlachs in Streifen schneiden. Dann Speisequark, Naturjoghurt, Salz, Pfeffer und Kräuter in einer Schüssel verrühren. Den Räucherlachs dazugeben und kurz unterrühren. Den Salat waschen und trocken schütteln.
2. Für die Pfannkuchen Mehl in eine Schüssel geben, die restlichen Zutaten hinzufügen und alles mit dem Handrührgerät zu einem glatten Teig verrühren.
3. Etwas Öl in einer beschichteten Pfanne auf mittlerer Stufe erhitzen. Mit einer Schöpfkelle etwas Teig in die Pfanne geben und durch Schwenken gleichmäßig auf dem Pfannenboden verteilen. Wenn die Unterseite goldbraun gebacken ist, Pfannkuchen wenden und fertig backen. Dann aus der Pfanne nehmen und beiseitelegen. Vorgang wiederholen, bis der Teig aufgebraucht ist.
4. Pfannkuchen mit dem Lachs-Kräuter-Quark bestreichen und mit Salat belegen. Dann aufrollen, schräg halbieren und servieren.

Kräuter-Pfannkuchen mit Joghurtdip

6–8 STÜCK

ZUTATEN:

Für den Dip:

1 kleine Knoblauchzehe
250 g Naturjoghurt
¼ TL Salz
¼ TL Pfeffer
1–2 Radieschen (nach Belieben)

Für den Teig:

200 g Mehl (Type 405)
150 ml Mineralwasser
2 Eier (Größe M)
150 ml Milch
1 TL Backpulver
¼ TL Salz
4–6 EL frisch gehackte Kräuter (z. B. Schnittlauch, Petersilie, Dill)
Öl zum Backen

1. Zunächst den Dip zubereiten. Dazu die Knoblauchzehe schälen und klein schneiden und in einer Schüssel mit Joghurt, Salz und Pfeffer vermengen.
2. Alle Zutaten für den Teig in einer Schüssel mit dem Handrührgerät zu einem glatten, dünnflüssigen Teig verrühren. Die Radieschen, falls verwendet, putzen, waschen und klein schneiden.
3. Eine beschichtete Pfanne mit etwas Öl auf mittlerer Stufe erhitzen. Mit einer Schöpfkelle etwas Teig in die Pfanne geben und durch Schwenken gleichmäßig verteilen. Den Pfannkuchen von beiden Seiten in etwa 1–2 Minuten goldbraun ausbacken. Dann aus der Pfanne nehmen und beiseitelegen. Vorgang wiederholen, bis der Teig aufgebraucht ist.
4. Die fertigen Pfannkuchen mit dem Joghurtdip und evtl. den Radieschen servieren.

Hirse-Mais-Pfannkuchen mit Salat

8 STÜCK

ZUTATEN:

- 100 g Hirsemehl
- 100 g Maismehl
- 300 ml Milch
- 2 Eier (Größe M)
- 30 g geschmolzene Butter
- 1 TL Backpulver
- ½ TL Natron
- 1 Prise Salz
- Öl zum Backen
- gemischter Salat (nach Belieben)

1. Alle Zutaten (außer dem Salat) in eine Schüssel geben und mit dem Handrührgerät zu einem glatten Teig verarbeiten. Den Teig 15 Minuten ruhen lassen.
2. Pfanne mit etwas Öl auf mittlerer Stufe erhitzen und dann 1 Schöpflöffel Teig in die Pfanne gießen und durch Schwenken gleichmäßig verteilen. Wenn die Unterseite nach 1–2 Minuten goldbraun gebacken ist, Pfannkuchen wenden und fertig backen. Dann aus der Pfanne nehmen und beiseitelegen. Vorgang wiederholen, bis der Teig aufgebraucht ist.
3. Die fertigen Pfannkuchen mit gemischtem Salat nach Wahl belegen.

Crêpes

Französische Crêpes

10 STÜCK

ZUTATEN:

200 g Mehl (Type 405)
3 Eier (Größe M)
300 ml Milch
50 ml Mineralwasser
50 g geschmolzene Butter
Öl zum Backen

1. Die Zutaten in einer Schüssel mit dem Handrührgerät zu einem glatten Teig verrühren. Anschließend den Teig etwa 15 Minuten ruhen lassen.
2. Eine Pfanne auf mittlerer Stufe erhitzen und mit etwas Öl auspinseln.
3. Etwas Teig in die Pfanne geben und diese schwenken, sodass der Boden gleichmäßig dünn mit Teig bedeckt ist.
4. Den Crêpe 1–2 Minuten goldbraun backen, dann wenden und 1 Minute weiterbacken. Dann aus der Pfanne nehmen und beiseitelegen. Den Vorgang so lange wiederholen, bis der Teig aufgebraucht ist.

Vegane Crêpes

6–8 STÜCK

ZUTATEN:

- 170 g Hafermehl
- 35 g Maisstärke
- 350 ml pflanzlicher Milchersatz (z. B. Mandeldrink)
- 80 g Apfelmus
- 1 TL Backpulver
- 2 EL Zucker
- 1 Päckchen Bourbon-Vanillezucker
- 1–2 TL Mineralwasser
- Öl zum Backen

1. Alle Zutaten in einer Schüssel mit dem Handrührgerät zu einem glatten Teig verrühren.
2. Eine beschichtete Pfanne dünn mit Öl auspinseln und erhitzen.
3. Etwas Teig in die Pfanne geben und durch Schwenken dünn darin verteilen. Den Crêpe auf beiden Seiten hellbraun backen. Dann aus der Pfanne nehmen und beiseitelegen. Den Vorgang so lange wiederholen, bis der Teig aufgebraucht ist.

Tipp:

Hafermehl können Sie ganz einfach selbst herstellen. Dazu Haferflocken in einem Mixer so lange zerkleinern, bis die gewünschte Mehlkonsistenz erreicht ist.
Ist der Teig zu dickflüssig, ein paar Löffel pflanzlichen Milchersatz hinzufügen. Ist dieser zu dünnflüssig, 1–2 EL Maisstärke einrühren.
Die Crêpes schmecken sehr lecker mit einer Nuss-Nougat-Creme.

Gebackene Vanillecreme-Crêpes

7 STÜCK

ZUTATEN:

- 500 ml Milch
- 3 Eigelb (Größe M)
- 50 g Zucker
- 35 g Speisestärke
- Mark 1 Vanilleschote
- 7 fertig gebackene französische Crêpes (Rezept siehe Seite 56)
- Butter für die Form

1. 350 ml von der Milch in einem Topf zum Kochen bringen.
2. Währenddessen Eigelbe, Zucker, Speisestärke, restliche Milch und Vanillemark in einer Schüssel mit dem Schneebesen gut verrühren.
3. Die Stärkemischung mit dem Schneebesen in die kochende Milch einrühren, bis eine dickflüssige Creme entsteht. Dann sofort den Topf vom Herd nehmen und die Creme auskühlen lassen.
4. Den Backofen auf 180 °C vorheizen.
5. Die Vanillecreme auf die fertigen Crêpes streichen und diese aufrollen. Die Rollen in eine mit Butter eingefettete Auflaufform legen und im Backofen 10–13 Minuten backen.

Tipp:

Als Variante 2 EL Zucker mit 1 Prise Zimt vermischen und vor dem Aufrollen der Crêpes auf die Vanillecreme streuen.

Dinkelcrêpes mit Apfelkompott

8–10 STÜCK

ZUTATEN:

- 200 g Dinkelmehl (Type 630)
- 3 Eier (Größe M)
- 200 ml Milch
- 100 ml Mineralwasser
- 50 g geschmolzene Butter
- Öl zum Backen
- 150 g Apfelkompott

1. Mehl, Eier, Milch, Wasser und Butter in einer Schüssel mit dem Handrührgerät zu einem glatten Teig verrühren. Anschließend den Teig etwa 10 Minuten ruhen lassen.
2. Eine Pfanne mit etwas Öl auf mittlerer Stufe erhitzen. Etwas Teig in die Pfanne geben und durch Schwenken dünn darin verteilen. Den Crêpe auf beiden Seiten hellbraun backen. Dann aus der Pfanne nehmen und beiseitelegen. Den Vorgang so lange wiederholen, bis der Teig aufgebraucht ist.
3. Die Crêpes jeweils mit 2–3 EL Apfelkompott bestreichen, zusammenklappen und servieren.

Tipp:

Sie können auch Tiefkühl-Spinat verwenden. Dieser muss aber aufgetaut und gut ausgedrückt sein.

Spinat-Crêpes mit Avocado und Lachs

6–8 STÜCK

ZUTATEN:

Für die Füllung:

1 Avocado
200 g Frischkäse
100 g Naturjoghurt
¼ TL Salz
¼ TL Pfeffer
6–8 Blätter frischer Salat (z. B. Eisbergsalat)
150 g Räucherlachs in Scheiben

Für den Teig:

100 g frischer Spinat
2 Eier (Größe M)
200 g Mehl (Type 405)
150 ml Mineralwasser
150 ml Milch
¼ TL Salz
1 TL Backpulver
Öl zum Backen

1. Für die Füllung zunächst die Avocado schälen, entkernen und in kleine Würfel schneiden. In einer Schüssel mit Frischkäse, Naturjoghurt, Salz und Pfeffer vermengen.
2. Den Salat waschen und trocken schütteln.
3. Für die Crêpes den Spinat verlesen, waschen und abtropfen lassen. Spinat und Eier in einen Behälter geben und mit dem Stabmixer fein pürieren. Die restlichen Zutaten hinzufügen und mit dem Handrührgerät zu einem glatten Teig verrühren.
4. In einer Pfanne etwas Öl erhitzen. 1 Schöpfkelle Teig in die Pfanne geben und durch Schwenken gleichmäßig dünn verteilen. Bei geringer Hitze ca. 1 Minute stocken lassen. Vorsichtig wenden und fertig braten. Crêpe aus der Pfanne nehmen, beiseitelegen und mit dem restlichen Teig ebenso verfahren.
5. Die Crêpes mit der Avocado-Frischkäse-Füllung bestreichen und mit Salat belegen. Den Lachs gleichmäßig darauf verteilen und Crêpes aufrollen. Dann schräg halbieren und servieren.

Schnittlauch-Crêpes mit Paprika-Frischkäse-Füllung

8–10 STÜCK

ZUTATEN:

Für die Füllung:

50 g Zwiebel
1 Knoblauchzehe
1 rote Paprikaschote
250 g Frischkäse
100 g Naturjoghurt
½ TL Salz
¼ TL Pfeffer

Für den Teig:

200 g Mehl (Type 405)
3 Eier (Größe M)
300 ml Milch
50 ml Mineralwasser
50 g geschmolzene Butter
2–3 EL gehackter Schnittlauch
¼ TL Salz
Öl zum Backen

1. Zunächst die Füllung zubereiten. Dazu Zwiebel und Knoblauch schälen, Paprika putzen und waschen und alles in kleine Würfel schneiden. In eine Schüssel geben und mit den restlichen Zutaten für die Füllung verrühren.
2. Die Zutaten für den Teig in eine Schüssel geben und mit dem Handrührgerät zu einem glatten Teig verrühren. Den Teig 10 Minuten ruhen lassen.
3. Eine Pfanne mit etwas Öl auf mittlerer Stufe erhitzen. Etwas Teig in die Pfanne geben und diese schwenken, sodass der Boden gleichmäßig dünn mit Teig bedeckt ist. Den Crêpe 1–2 Minuten goldbraun backen, dann wenden und 1 Minute weiterbacken. Dann aus der Pfanne nehmen und beiseitelegen. Den Vorgang so lange wiederholen, bis der Teig aufgebraucht ist.
4. Crêpes mit der Füllung bestreichen, zusammenklappen und servieren.